i

m

im

n

in

nimm

im 

O

Omi

o

Oo

a

am

Oma 

am 

Oma am 

an

d

da

dann

D

Dom 

Dino 

Dino, nimm 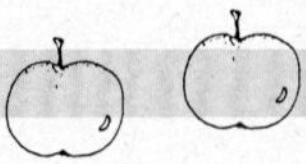 !

Domino 

U

u

U u

um

und

nun

du

au

 miau

e

ene

mene

den

dem

denn

E E E E

Emu

Ende

ei

ein

eine

mein

meine

dein

deine

nein

Ei

ein Ei

eu

neu

neue 

neun

9

Eu

Eu eu

Eule 

l

lila

alle

malen

Oli und Uli malen.

Eule

Eulen

Ele

L L

L l

Limo

Leo

Lea

Lea und Leo

Lama

b

ba

bauen

be

bei

ab

ob

leben

baden

blau

B

B b

Blume 

Ball 

Bälle 

Baum 

Bäume 

Bein 

Boden

Bob 

h

holen

haben

heulen

Uhu

H

Hu

Hunde → Hund

Ha

Hände → Hand

He

Hemden → Hemd

f

fein

fünf 

elf

auf

laufen

helfen

fallen

F F

Ff

Fe

Feld

Faden

Film

c

Lucia

C C

Claudia

Comic

Ch

China

ch

ich

dich

mich

doch

euch

nach

machen

Buch

Bauch

g

legen

ich lege

geben

ich gebe

gehen

ich gehe

gelbe → gelb 

gelbe 

G G

G g

Geige

Geld

Gold

Gabel

ng

eng

lang

fangen

ich fange

Engel

Gang

I

I

Igel

Ich male.

Ich male einen Igel.

j

ja

jede

jung

J

Jj

Juni

Juli 

Junge 

Jo-Jo 

s

es

aus

das

Haus

das Haus 

Eis 

das Eis

Hals 

ss

so

sind

sein

sagen

sollen

suchen

sehen

leise

Hase

sch

schon

schlafen

ich schlafe

Fisch 

Fische 

Busch 

Büsche 

S T

Seil

Seife

Sonne

Sch

Schule

Schal

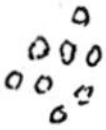

Schnee

Schneemann

N

Nase 

Name 

Nebel 

Nabel 

Nadel 

Nudel 

mein Name:

t

hat

alt

gut

laut

T T

Tage → Tag

Tante

Tasche

st

still

stellen

ich stelle

St

Stein

Stift

Stunde

Steine sind still.

r

rot

grün

grau

reden

dir

mir

R

Regen

Ritter

K

Kiste

Kinder → Kind 

Kleider → Kleid 

k

kein

kann

ck

Rock

A

Ast

Arm

Au

Auto

Auge

M

Mutter

Maus

Männer → Mann

ie

sie

nie

die

hier

Tier

Brief

Biene

fliegen

liegen

lieben

v

von

vom

vor

viel

vier

w

wo

wir

wir waschen

V V

Vogel 

Vater 

W

Wort 

Wiese 

Wasser 

Winter 

P

Pommes

Pinsel

Perlen

p

Puppe

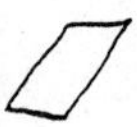
Papier

Ampel

Raupe

Lupe

sp

sparen

wir sparen

spielen

wir spielen

Sp

Sport

Spaghetti

Spiegel

Z Z z

 Zahn

26 Zahl

 Zeit

z

zu

zählen

wir zählen

tz

 Katze

Qu Qu

Quelle

Qualm

Quadrat

qu qu

quaken

ich quake

quieken

ich quieke

Y

y

Baby

Teddy

X

Xenia

x

Hexe

Lexikon

Taxi

Max

ß

Füße → Fuß 

Grüße → Gruß

groß

weiß

heiß

süß

ich heiße

Zahlen

1 eins

2 zwei

3 drei

4 vier

5 fünf

6 sechs

7 sieben

8 acht

9 neun

10 zehn

elf 11

zwölf 12

null

Meine ♡-Zahl:

Wochentage

Montag

Dienstag

Mittwoch

Donnerstag

Freitag

Samstag

Sonntag

Mein ♡-Tag:

Farben

rot

gelb

blau

grün

schwarz

weiß

braun

bunt

Meine ♡-Farbe:

Jahreszeiten

Frühling

Sommer

Herbst

Winter

Meine ♡-Zeit:

Familie

Mutter

Vater

Sohn

Tochter

Schwester

Bruder

Onkel

Tante

Oma

Opa

Meine ♡-Wörter: